AF198570

Marion Jana Goeritz

Schmetterlingszeit:

ein Geschenk ist erkannt

Bibliografische Information der Deutschen Nationalbibliothek:

Die Deutsche Nationalbibliothek verzeichnet diese Publikation in der Deutschen Nationalbibliografie; detaillierte bibliografische Daten sind im Internet über http://dnb.dnb.de abrufbar.

Herstellung und Verlag: BoD – Books on Demand, Norderstedt

ISBN: 978-3-7519-3282-0

Herzlich Willkommen

liebe Leser,

der Monat Mai hat sich eingestellt und für viele von uns ist es zurzeit eher herausfordernd· Mein Buch trägt den Titel "Schmetterlingszeit: ein Geschenk ist erkannt",diesen Namen gab ich ihm bereits im letzten Herbst, so lange ruhte es· Heute Morgen jedoch besuchte mich ein kleiner weißer

Falter in einem Zimmer und bei einem Spaziergang im Grünen, blieb eine kleine Raupe auf meiner weißen Jacke haften. Diese beiden Begegnungen bewogen mich, weil ich sie als Zeichen empfand, mein Buch zur Veröffentlichung frei zu geben.

Ein Schmetterling hat für mich eine transformierende Bedeutung, da er zuerst eine Raupe, später durch die Verpuppung zu einem Falter wird. Das empfinde ich als wunderbares Zeichen des Lebens·

Schauen wir von außen darauf, empfinden wir bei einer Verpuppung der Raupe wohl eher Stillstand· Erahnen wir wirklich diese ungeheure Kraft, welche am Wirken ist? Die aus der einstigen Raupe einen wunderschönen Schmetterling zaubert? Selbst assoziiere ich die Verpuppung einer Raupe, mit der Innenschau des Menschen· In solchen Momenten wird er fühlen und erkennen, wo es nötig wäre, in seinem Leben

eine Veränderung zum Besse-
ren einzuleiten, damit wieder
Freude und somit auch Kraft
im Gefühl Einzug halten
kann. Oft hat es mit der
Seelenaufgabe zu tun, welche
im Leben wahrgenommen
werden möchte.
Heilung kann geschehen.

Herzlichst

Marion Jana Goeritz

Das Spinnrad der Träume
läuft oft
und spinnt das Garn
gar bunt.
Und wer das Rad bewegt,
bewegt auch manches
im Grund.
Ist das Garn gesponnen,
steht das Rad ganz still?
Der, der es gewesen,
blickt in seine Seele, fühlt,
ob der Traum gelingen
will.
Ist ein grünes Haus

auf seinem Seelengrund
erbaut,
wohnt dort womöglich
sein Traum,
der nun wahr erzählen wird.

"Zauber",
flüsterte eine Seele,
öffnete dabei
ihren Mantel weit·
Goldene Strahlen,
fielen in eine trübe Zeit,
erfüllten diesen Raum
mit Licht·
"Zauber",
flüsterte eine Seele,
der Mensch jedoch
vertraute nicht·
Er verschloss
den hellen Raum,

doch als das Licht erlosch,
fragte er die Seele,
"Seele, Licht?"
Die Seele jedoch
vertraute ihm nicht
und sprach,
"Du musst
mir vertrauen,
dann verhelfe ich dir,
zu deinem eigenen Licht."
Der Mensch vertraute
und sprach zur Seele
"Seele, Licht."

Der Sprung
in ein blaues Tintenfass,
der so ist es, hat ja was.
Sie schreibt
so viele Seiten neu,
so geht
seine Traurigkeit vorbei.
Was er liest, Zuversicht,
Vertrauen
wird geschult.
Mutig, ehrlich
vorwärtsgehen.
Was es auch war,
das ihm verbot,

sich selbst zu lieben,
das bunte Garn
seiner Zukunft
liegt in seinen Händen,
dies nun,
nur noch für Gutes
zu verwenden,
das hat er gelernt.

Die Gezeiten leben ewig,

wie die Seelen auch.

Türmten sich auch

Wellenberge meterhoch,

Strandspaziergang

auserwählt?

Wellenberge brechen

am rauen Fels,

der mitten im Meer

sich hält.

Was auch verloren scheint,

es beschwerte wohl den Weg.

Hier

wird ein Mensch wieder eins

mit sich selbst,

wenn er

seine Seelenstimme

nur vernimmt.

Einst

tief verborgen in einer Seele,

scheinbar glänzende Stunden,

versteckt

in einer bunten Schatulle·

Der Schlüssel tief

im hellen Seelenmeer

versunken,

schimmert golden grün·

Die Wahrheit,

sie geht nie verloren·

Es kann auch Liebe sein,
geht man verschiedene Wege.
Es sollte Liebe sein,
geht man gemeinsame Wege.
Es kann
Gleichgültigkeit sein,
geht man
verschiedene Wege.
Es muss
keine Gleichgültigkeit sein,
geht man verschiedene Wege,
doch Menschlichkeit
und Toleranz.

Manche Nacht
scheint der Mond
in Abwesenheit
und doch
bewegt seine Kraft das Meer.

Glaubten wir auch einmal,
den Faden verloren zu haben,
sahen wir fühlend
unsere Welt·
Fanden ihn wieder,
doch waren andere,
als zuvor·
Unser eigenes Gefühl stärker,
unser Glaube fester,
unser Wissen reicher·
Selbstliebe·

Ein Leben
an der Oberfläche
bietet wenig Halt.
Das Leben tief,
erstrebenswert,
weil nach getaner Arbeit,
bunte Farben, Liebe malen.
Seelenblumenbeet
erblüht im Licht.

Wir schweben im All,
nirgendwo anders.
Wieso versteht
mancher Mensch
dies Wunder nie?

Wenn nur die Nacht ihnen
scheinbar Halt schenkt,
der blaue Himmel
sich am Horizont
in Rot tränkt,
finden sie sich dort,
wo keiner
ihren Namen kennt.
Doch wer sie wirklich sind,
behalten sie für sich,
manchmal ein Leben lang.
Bis sie sich trauen
aufzutauen, mitzuteilen.
Selbstbeachtung.

Wir geben,
doch wir nehmen auch.
Mancher staunt über uns.
Flüsse führen Wasser,
Meere fangen auf.
Bäume wachsen gen Himmel.
Auf Grün wachen wir auf.

Die Liebe nur
schenkt Wahrheit.
Wer kann es ihr gleichtun?

Unbekannte Welten,
auf der Einen.
Wer hat sie erträumt?
Woher kommen
ihre Farbenspiele,
die wie bunte
Scherben Muster,
sich auf weißen
Wänden spiegeln?

Mancher Traum
sprach von fest gesurrten
Kettengliedern,
sie fielen
in einer stillen Nacht·
Klirrende Töne hallten wider·
Mut!
Alle sind schon aufgewacht·
So manch Traum
sprach schon wahr·

Bewegendes Zusammenspiel·
Berührt, kein Versprechen·
Der Verstand nie lose·
Vertrauensvoller Augenblick·
Mut gefragt·
Unaufhaltsam
vorwärts gehen·
Selbstliebe
führt zum Gewinn·

Stirbt ein Ego jung,

darf der Mensch

gesünder älter werden?

Gesunde Gefühle

können sie ein Kompass sein?

Es gibt kein zu Früh,

kein zu Spät?

Ein Lächeln süß,
begegnet dem Pessimisten
auf seinen Wegen.
Sonnenschein
singt laut vom Himmel,
auch für ihn.
Sein Schirm in seiner Hand
erzählt von Regen,
der hat gerade wohl,
anderes zu tun.

Was zu wenig, vergeht.
Gedanken, Gefühle,
Erinnerung.
An Wänden,
perlten Schaumkronen
herunter.
Gefühle erzählten kaum.
In einer Falle,
entzündete so manches Licht,
die Wahrheit schon.
Wachs an den Händen,
altes versiegelt?
Findet neues einen Platz?

Selbst sein,
im Takt seines Herzens.
Nur Wahrheit entzündet
das Licht des eigenen Sterns,
der die schönsten Farben
in die Welt entsendet.

Früher auf der Suche
nach dem Gefühl,
das im Regen Halt,
bei Sonnenschein
das Fliegen schenkt.
Berührung Seelentief,
keine Stille erwünscht,
und doch Stille erwünscht.
Selbstliebe ist gefragt.

Träume,
verkleidet auf einem Weg.
Ziel anvisiert,
doch die Wahrheit
liegt woanders.
Vergessen,
wie es wirklich geht?
Das Suchen nach Hosen
wird kein Kleid fühlen lassen.

Träume
schweben ins Leben,
fragt man woher sie wirklich
kommen?
Gold oder Silber?
Holz in Lack?
Doch was davon
ist man selbst?

Man sagt
"Bodenlose Lüge·"
Weshalb einen Namen,
für das,
was ins Bodenlose sinkt?
Damit man lernt,
den richtigen Weg zu wählen?

Wer fühlt, weiß,
das die von einem anderen,
gesetzte Grenze,
es zu akzeptieren gilt,
und tut gut daran,
auch seinen Verstand
einzuschalten·

Eine Welt
ein schimmerndes
Farbenmeer,
lachende Zauberei.
Das dunkle Nuancen
mit Weiß heller werden,
haben wir gelernt.
Der Weg zum Weiß allein
ist schwerer zu finden,
wenn eine dunkle Farbe
das Leben in Atem hält.

Ist der Puls der Zeit
auch schnelllebig,
sollten wir doch Ruhe finden,
um Entscheidungen
herbeizuführen
oder sie zu fällen.
Sie zeigen auf,
wer wir wirklich sind
und wirken
in unsere Zukunft.

Fensterscheiben,
Sonnenglanz.
Regentropfen Perlentanz.
Es tropft ins Leben,
Heilung ganz,
schöne Gefühle, finden Wege,
die bewegen.

Rauschendes Wasser,
nah am Fluss der Stadt.
Laternenschein
erhellt am Ufer,
so manche,
welche dort verweilen.
Im Augenblick
der Nachdenklichkeit,
dorthin geführt, zugeschaut,
dem Wasser beim Reisen.
Und im Bett des Flusses,
wird erhellt
so mancher Stein,
nur durch

den Laternenschein.
Doch woher sie kommen,
wie sie reisen,
wer weiß das schon?
Können sie es hier erfühlen?

Sie reisen mit dem Wind,
wie lose Blätter
im November.
Erzählen Geschichten
jedem Kind,
von Prinzen
und Prinzessinnen.
Ihre Wagen rollten schwer,
mit allerlei Ballast.
Ihre Seelen jedoch, frei,
sonst wären im Gefühl,
dunkle Geister zu Besuch.
So erzählen sie fröhlich nur
von Licht und Liebe.

Sie reisen mit dem Wind,
wie lose Blätter,
die tanzen
auf verlassenen Straßen und
doch schaut ihnen ein jeder
nach, weil sie sich lieben.

So manches liebe Wort
findet guten Anklang,
So manches
liebenswerte Gefühl,
ein anderes.
So manche nette Geste
schenkt ein Lächeln,
Ein ehrlicher Mensch jedoch
fühlt immer gut.

Suchen wir
noch das Gestern?
Gehört es zur Reise,
zu uns selbst zu finden.

In ihrem Tagebuch,
viele Seiten beschrieben,
Tränen schwer
und Liebesglanz·
Früher sah sie oft
schwarz und weiß,
heute sieht sie ganz·
Verrückt sein vor Liebe
mit Mut und Zuversicht,
kein Traum,
sondern Wahrheit mit Licht·
In ihrem Tagebuch
gemalte Blumen,
Herzchen in Rot,

buntes Papier.
Gedanken ausgeschlossen,
nur Gefühle.
Doch wie weit
würde sie gehen?
Diesen Gedanken
ließ sie stehen,
liegend auf weichem Kissen.
In ihren Händen
hält sie ein Buch,
sie klappt es auf,
alles deutet darauf,
ein rotes Herzchen,
eine Blume bunt,
sie hat nie vergessen,
doch sie lebt gesund.

Wasserperlen
auf grünem Halm,
hielten sich fest
im Sonnenlicht.
Veränderung
erzählte ganz leise,
wie es war, so war es nicht.-
Der grüne Halm bewegte sich,
Wasserperlen sangen Licht.

Wellenspitzen
glitzern sanft,
durch die
goldenen Sonnenstrahlen·
Wasser bewegt,
durch den Wind,
vieles war wohl Erfahrung·
Es ist das Labyrinth
der tiefen Welt,
das auch in Grün erzählt·
Und bist du durch,
durch diese Gänge,
hast du die Welt
in dir erkannt·

Grünes Land
der Feen und Elfen,
bunte Bänder
schweben leicht·
Regenbogen schöne Farben
und sie tanzen himmelweit·
Ihre Lieder erklingen leise,
und auf hellen Blütenkronen
warten sie ganz sicherlich·

War ein Tag
auch ausgeklungen,
versank die Sonne
tief im Meer.
Schwebte
so manche Gedankenrunde,
leise still, durch manche Tür.
Was blieb vom Tag,
von manchem Wort?
Erzählt das Gefühl davon?
Von manch
liebenswerten Lächeln,
einer Umarmung, einem Ton?

An vielen Tagen
erkennen sie,
die Welt
im Kleinen eben kaum.
Sie wohnen noch immer
auf einer großen Kugel,
die sich
auch noch dreht dazu.

In einer erkennbaren Spur
ging schon jemand
auf diesem Weg.
Wo siehst du deine Schritte?

Mit einer der schönsten
Momente im Leben,
ein Abendhimmel,
der sich rot
am Horizont einfärbt
und ein Morgen,
der leise ins Gefühl
schon schreibt,
"Es wird ein guter Tag."

Eine Feder weiß und leicht,
sinkt hinab zur Erde.
Schwebt ganz sacht
ins Grüne gleich,
auf die große Mutter Erde.
Die Feder
liegt im Grünen nun,
gelbe Sonne lacht.
Und wer sie findet,
dessen Weg, ist gut bewacht.

Manchmal
waren es laute Tage,
die zur Stille gerufen·
Vielleicht war manch Stein
doch ungesehen?
Es waren
die viel zu lauten Tage,
die, die Stille eingeladen·
Und lag ein Stein,
auch einmal
auf anderen Wegen,
konnte er nur gemeinsam
besiegt wohl werden,
wenn der gelernt zu fragen,
dessen Weg ein Stein besaß·

Wankt das Selbstbild
an manchem Tag?
Mut!
Das Überdenken,
auch neue Gedanken
führen zur Klarheit.

Es ist gut, wie es ist,
so ist Leichtigkeit im Spiel·
Es ist gut, wie es ist,
so fühlen wir diese Wonne·
Ist es denn gut, wie es ist?
Diese Frage fürchten wir nie,
sonst
hätten wir schon verloren,
bevor wir beginnen dürften
es zu verändern·

Manches Manöver,
womöglich überzogen.
Verpeilte Gefühle,
war alles nur gelogen?
Liebe bekommt keine Chance,
wenn ein Mensch meint,
heute
hätte er doch
wahr gesprochen.

Zwei gewinnen den Tag,
wenn die Nacht erst einmal
keine Rolle spielt.
Zwei
gewinnen
womöglich die Nacht,
wenn sie die Zeit
sich schenkten, zu entdecken,
wer sie wirklich sind.

Blaue Wasserwelten,
manche unerforscht·
Tropfen für Tropfen
füllten einst
die tiefen Täler·
Leben versank,
Leben erwachte·
Es brauchte Zeit,
um zu verstehen,
zu begreifen·
Wer waren sie wohl?

Von Marion Jana Goeritz ebenfalls beim Verlag BoD erschienen (BoD Books on Demand, Norderstedt, nähere Informationen finden Sie unter www.BoD.de)

„Liebe für die Seele Band 1"
ISBN 978-3-7357-4045-8

„Liebe für die Seele Band 2"
ISBN 978-3-7357-7734-8

„Seelenweiß"
ISBN 978-3-7347-5769-3

„Seelen essen Liebe gern"
ISBN 978-3-7347-8706-5

„SeelenEngel"
ein spiritueller Erfahrungsbericht
ISBN 978-3-7386-2588-2

„SeelenSchlüssel"
ISBH 978-3-7386-3844-8

„Seelenfarben"
ISBN 978-3-7386-3947-6

„Seelenschimmer"
ISBN 978-3-7386-4014-4

„Seelenfinden"
ISBN 978-3-7386-4037-3

„Ein Gefühl meiner Seele"
ISBN 978-3-7386-1506-7

„Seelenfrieden" Danken, Bitten, Entspannung ein persönlicher Erfahrungsbericht
ISBN: 978-3-7386-4884-3

„Seelenweihnacht"
ISBN: 978-3-7386-5616-9

„Im Land unter dem Regenbogen" Wunderbare Märchen und unglaubliche Geschichten
ISBN: 978-3-7392-0115-3

„Freddy und seine Geschichten"
ISBN: 978-3-7386-3321-4

„SeelenWorte"
ISBN: 978-3-7392-0455-0

„Herzanker"
ISBN: 978-3-7392-3482-3

„Im Fluss der Liebe"
ISBN: 978-3-7392-3489-2

„Seelenklänge"
ISBN: 978-3-7392-3532-5

„Liebeslied"
ISBN: 978-3-7392-3548-6

„Wahre Traumtänzerin"
ISBN: 978-3-7392-3556-1

„Emilia Sommerfeld"
ISBN: 978-3-7392-3787-9

„Für mich war es Liebe"
ISBN: 978-3-8423-5362-6

„Kaleidoskop"
ISBN: 978-3-8423-5738-9

„Die verzauberte Wiese"
ISBN: 978-3-7412-0772-3

„Seelenbrücke"
ISBN: 978-3-7412-0890-4

„Wetterleuchten"
ISBN: 978-3-7412-2740-0

„Zentrifuge"
ISBN: 978-3-7412-4011-9

„Für Dich"
ISBN: 978-3-7412-4018-8

„Hannos Geschichten"
ISBN: 978-3-7412-9373-3

„Das Eulenherz"
ISBN: 978-3-7431-0009-1

„Eine Reise irgendwo hin"
ISBN: 978-3-7421-0042-8

„Ist das wirklich wahr?"
ISBN: 978-3-7431-1549-1

„Stille Momente"
ISBN: 978-3-7431-1586-6

„Engelszwirn"
ISBN: 978-3-7431-1594-1

„Anders"
ISBN: 978-3-7448-3582-4

„Wenn es spricht"
ISBN: 978-3-7448-3583-1

„Jonas und die Himmelsleiter"
ISBN: 978-3-7448-5452-8

„Farbenregen"
ISBN: 978-3-7448-5453-5

„Wellenfarbe"
ISBN: 978-3-7448-7311-6

Blanchefleur
ISBN: 978-3-7448-7415-1

„Winterzauber"
ISBN: 978-3-7448-9885-0

„Seele was denkst du dir?"
ISBN: 978-3-7448-9937-6

"Der Südwind
 der aus dem Norden kam"
ISBN: 978-3-7448-8206-4

"Erinnerungsblick"
ISBN: 978-3-7460-1281-0

„Mosaik" Gefühle und Gedanken
Gedichte
ISBN:978-3-7460-1320-6

„Begegnung"
ISBN: 978-3-7460-9595-0

„Sternenozean"
ISBN:978-3-7460-9685-8

„Himmelsstern"
ISBN: 978-3-7528-5012-3

„Mut verspricht Lebendigkeit"
ISBN: 978-3-7528-5071-0

„Liebeswort-Gedichte"
ISBN: 978-3-7528-6639-1

„Wenn Schiffe wandern"
ISBN: 978-3-7528-6655-1

„Bunte Federstriche" Gedichte
ISBN: 978-3-7481-0960-0

„Himmelblau und Sonnenreich"
Tierseelengeschichten
ISBN: 978-3-7481-3289-9

„Durchreisen"
ISBN: 978-3-7386-5903-0

„Grüne Traummusik"
ISBN: 978-3-7392-4925-4

„Bewegung"
ISBN: 978-3-7481-4013-9

„Wolken am Himmelsrand"
ISBN: 978-3-7494-8219-1

„Schrittweise"
ISBN 978-3-7448-0116-4

„Das grüne Kleid im Labyrinth"
ISBN: 978-3-7504-0490-8

„Zweiundzwanzig Wegboten"
ISBN: 978-3-7504-0676-6

„Lamberts schönster Wunsch"
ISBN: *978-3-7504-5232-9*

„Die wunderbare Josepha"
ISBN: 978-3-7504-5232-9

Weitere Informationen zu allen meinen Büchern oder zu Neuerscheinungen finden Sie immer auf meiner Seite

www.buchkaleidoskop.Reikipraxis-Goeritz.de